Me llamo...
Agatha Christie

Ⓟ Parramón

Proyecto y realización
Parramón Ediciones, S.A.

Dirección editorial
Lluís Borràs

Edición
Cristina Vilella

Texto
Ferran Alexandri Palom

Ilustraciones
Carles Arbat Serarols

Diseño gráfico y maquetación
Zink Comunicació S.L.

Preimpresión
Pacmer, S.A.

Dirección de producción
Rafael Marfil

Producción
Manel Sánchez

Primera edición: septiembre de 2009
Agatha Christie

ISBN: 978-84-342-3460-4

Depósito legal: B-18.682-2009

Impreso en España

© Parramón Ediciones, S.A. – 2009
    Rosselló i Porcel, 21, 9.ª planta
    08016 Barcelona (España)
    Empresa del Grupo Editorial Norma
    de América Latina

    www.parramon.com

Hola...

Me llamo Agatha Christie, aunque todo el mundo me conoce por la Reina del Crimen... ¡No! ¡No creais que soy una asesina! Todo lo contrario, en realidad soy muy pacífica, pero me dedico a escribir novelas policíacas y relatos de misterio.

Me da un poco de rubor decirlo, pero llegué a publicar más de cien obras, entre novelas y piezas de teatro. Mi éxito se debe, sobre todo, a la creación de argumentos donde intervinieron mis personajes favoritos: Hercule Poirot, el pequeño detective belga con cabeza de huevo, que llegaría a ser tan popular como el mismísimo Sherlock Holmes, o Miss Marple, una abuelita perspicaz y metomentodo que siempre descubría al asesino.

Lo que más me gustaba de mis historias de asesinatos era presentar todas las pruebas al lector para que él mismo pudiera resolver el caso por su cuenta leyendo el libro. Ni qué decir tiene que todos los personajes son siempre sospechosos... Ahí está la emoción. ¡A ver si sois capaces de adivinar la identidad del asesino antes de acabar el último capítulo de uno de mis libros!

Por lo demás, soy una mujer sencilla, un poco tímida, y que adora a sus amigos; me considero, además, curiosa y muy pero que muy trabajadora. Mis aficiones favoritas fueron la lectura, el tenis, la natación, la buena cocina y, por encima de todo, viajar a lugares exóticos.

Mi vida en Torquay

Yo, Agatha Mary Clarissa Miller Christie... ¡Uf! ¡Casi me ahogo, con este nombre tan largo!..., de modo que llamadme como me conocen mis amigos y colegas, Agatha, Agatha Christie. Yo, como os decía, me propongo contaros la agitada historia de mi vida y de mis novelas. Para ello comenzaré por mi infancia y continuaré, año tras año, hasta llegar al fatídico momento de mi desaparición.

Al mismo tiempo os iré contando los misterios de las historias que escribí. De algunas os mostraré el argumento hasta el final, de otras sólo os daré un avance, pues me gustaría que leyerais mis novelas y fueseis capaces de descubrir vosotros mismos el desenlace.

Ya podéis suponer que éste no es mi primer libro. La literatura, y en especial las novelas policíacas, que de jovencita empecé a escribir aquí, en Torquay, por pura afición, fueron mi verdadera vocación y profesión y mi verdadero interés durante toda mi vida.

¿Qué puedo decir de mi origen y llegada al mundo? Pues ahí va la verdad: nací en un soleado 15 de septiembre de 1890 en Torquay, una antigua ciudad de Inglaterra, perteneciente al condado de Devon. Mi padre se llamaba Frederick Alvah Miller; era americano, de Nueva York, y era corredor de bolsa en los Estados Unidos. Mi madre se llamaba Clarissa Margaret Boehmer, y era hija de un capitán de la Armada británica. Por eso me pusieron el larguísimo nombre de Agatha Mary Clarissa Miller, y era la pequeña de mis dos hermanos Magde y Monty.

Vivíamos en Ashfield, una casa de Barton Road. Era una casa grande y espaciosa, como muchas de las villas de Torquay, con jardín y un invernáculo. Me encantaba ese jardín inmenso, con su huerto de hortalizas y árboles frutales, con césped lleno de hayas, cedros y abetos y una magnífica secuoya, y también un bosquecillo de fresnos rodeado de caminos.

A mí me encantaba esa gran mansión de estilo victoriano. Por eso, en mis novelas, esas casas serían los escenarios de muchos crímenes: residencias campestres, grandes casas rodeadas de jardín… Y es que la vida inglesa de finales del siglo XIX y principios del XX transcurría en esos hermosos lugares.

Mi padre murió cuando tenía once años. Entonces mi madre comenzó a darme clases en casa, animándome a que escribiera cuentos. Me encantaban las historias de hadas, y leía con frecuencia a Dickens, que por supuesto conoceréis todos vosotros porque fue quien escribió las archiconocidas aventuras de Oliver Twist.

Pero sobre todo me gustaba muchísimo Arthur Conan Doyle, el creador de Sherlock Holmes, el detective más famoso de todos los tiempos. ¿Por qué será? ¿No lo adivináis? ¡Pues claro! ¡Mi cabecita ya estaba maquinando escribir novelas de detectives, con muchos asesinatos y una larga lista de sospechosos!

Yo era una chica tímida, y ésa era la razón por la cual no asistía a la escuela de forma permanente; por eso recibía las clases en mi casa de Ashfield. Mi madre, que era una mujer muy culta, me enseñaba; aunque también tenía algunos profesores particulares. También ayudaba a mi madre en la cocina y en el jardín.

Cuando tenía dieciséis años ingresé en la escuela de la señora Dryden en París para estudiar canto, danza y piano. Durante algún tiempo pensé seriamente en dedicarme a cantar ópera, pero me dijeron que no servía como cantante y, la verdad, no me hizo ninguna gracia.

Durante mi infancia viajaba
con frecuencia. Estuve en la
Riviera, en la costa italiana,
cerca de los Alpes Marítimos
y los Apeninos. También pasé
una larga temporada en Egipto
con mi madre, e incluso visité
algunas islas del Mediterráneo.

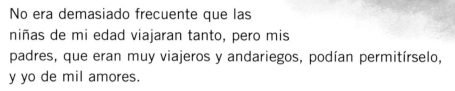

No era demasiado frecuente que las
niñas de mi edad viajaran tanto, pero mis
padres, que eran muy viajeros y andariegos, podían permitírselo,
y yo de mil amores.

¿A quién no le gusta viajar por el mundo recorriendo paisajes de
ensueño? Durante los trayectos, yo seguía escribiendo relatos,
donde salían como fondo los lugares que visitaba.

Al principio empecé a escribir historias románticas. Las enviaba
a las revistas, pero no me hacían ningún caso. ¡Qué fastidio!
Tenía verdadera vocación para la escritura, pero no comprendía
por qué no querían publicarme mis historias. ¿Acaso no
eran buenas?

Estalla la Primera Guerra Mundial

En 1912 conocí al flamante coronel Archibald Christie, un
aviador del Royal Flying Corps. En seguida nos prometimos,
y dos años después nos casamos. Pero mi matrimonio con
Archibald no sería demasiado feliz.

Nuestra boda en 1914 coincidió con el comienzo de la Primera
Guerra Mundial. Fue un conflicto armado a escala internacional,

lleno de desgracias y penalidades para la humanidad. Mi país, la Gran Bretaña, intervino también en estas rivalidades entre las naciones de Europa. Eran malos tiempos. Archibald tuvo que incorporarse al ejército, y yo empecé a trabajar en el Hospital de la Cruz Roja de Torquay.

Por aquel entonces las novelas policíacas estaban de moda, y me encantaban, y además nos ayudaban a olvidar los horrores de la guerra. ¡Yo estaba convencida de que también podía escribirlas! Por eso leía con afición todas las que se habían escrito hasta entonces, lo que me daba ideas para mis propias historias; aunque también los delitos más sonados que se cometían en mi tiempo eran fruto de inspiración.

Después de cuatro largos años de lucha, cuando la Gran Guerra, pues era así como la llamábamos, estaba a punto de finalizar, me trasladaron al dispensario del hospital. Fue en este lugar donde tuve el primer contacto con el mundo de los venenos y los productos químicos. Esta labor tendría mucha influencia en mi obra posterior, ya que muchos de "mis crímenes" se cometerían con… ¡venenos!

Así, en mis obras, recreé brebajes de muerte con cianuro en el vino espumoso, estricnina en el café, una sofisticada nicotina en un cóctel, arsénico en la sopa..., y un sinfín de sustancias nocivas que causaban la muerte de manera paulatina o fulminante.

La guerra terminó en 1918, y dos años después Archibald regresó. Entonces viajamos a África del Sur, Australia y Nueva Zelanda, Canadá y Estados Unidos. Estos viajes me hicieron conocer muchos lugares, lo que me sería muy útil para inventar historias. Entonces empecé a escribir relatos cortos, que varias revistas publicaban.

Archibald y yo tuvimos una hija, a la que llamamos Rosalind. Entonces éramos felices y la vida nos sonreía. Pero de repente todo se vino al traste. Mi madre enfermó y murió al poco tiempo. Esta muerte me causó un fuerte impacto y caí en una profunda depresión. Al mismo tiempo mi matrimonio se hundía. Me distancié de Archibald, y éste pronto encontró a una joven compañera.

Mis primeras novelas policíacas

El misterioso caso de Styles fue mi primera novela policíaca. La escribí cuando colaboraba en una farmacia de la Cruz Roja durante la guerra, aunque se publicó en 1920.

La novela se situaba en la mansión Styles, una casa de campo en Essex, donde la anciana y rica propietaria, la viuda Emily Inglethorp, quien recientemente había contraído matrimonio con un chico joven, es encontrada muerta en su cama, aparentemente víctima de un ataque al corazón. Las puertas de su dormitorio estaban cerradas por dentro y todo indicaba una muerte natural. Pero el médico de la familia sospecha que ha sido envenenada con estricnina. Todos los huéspedes de la vieja mansión tenían motivos para matarla y ninguno de ellos tiene una coartada satisfactoria. Las sospechas recaen sobre el actual y joven marido de la víctima. La trama gira en torno de la habitación de la difunta, de un testamento quemado en la chimenea y de una mancha en la alfombra. Para solucionar el crimen entra en acción mi detective favorito, Hercule Poirot, que aparece por vez primera en este intrigante caso. Luego os contaré más cosas de sus tácticas y modo de proceder.

Cuando terminé esta novela la envié a varias editoriales. Sin embargo, no obtuve respuesta alguna. ¡Vaya fracaso! ¡Esto no me lo esperaba! Tuvo que transcurrir más de un año para que una editorial me comprara mi obra y los derechos de autor, así como los de las cuatro obras siguientes que escribiera. No era un buen trato, pero al menos vería mis libros publicados.

Pero la verdadera fama me llegó en 1926 cuando publiqué *El asesinato de Roger Ackroyd*, mi séptima novela. A partir de este libro mi éxito fue creciendo y las novelas y los relatos se sucedían sin parar.

El argumento de esta novela era una trama de chantajes y asesinatos, cuyo final es algo sorprendente, pues el asesino es quien menos te lo esperas… ¡Ah, amiguitos! Ahora os dejo en suspense… Tendréis que leer mi libro para llegar a la solución del caso.

Mis tácticas de suspense

Lo que más me divertía era facilitar un montón de pistas falsas a mis lectores para desorientarles, de modo que estuvieran siempre atentos, sin poder dejar la lectura ni un minuto. O sea que, jóvenes lectores, no podéis perderos ni un solo detalle si queréis conseguir descubrir al asesino.

Como todos sabéis muy bien, en mis libros siempre hay un asesinato, y a veces incluso más de uno. El argumento suele ser muy enmarañado, lleno de misterios indescifrables y de secretos ocultos. Una trama para hacer pensar al lector, que al mismo tiempo puede interpretar el papel de un verdadero sabueso.

Aquél que parece sospechoso no lo es, y el que parecía inocente se convierte en culpable..., o tal vez no. Y es que, al final, sospecharéis de todo el mundo.

Yo creo que lo tenéis muy fácil..., o quizá no tanto... El caso es que siempre entra en juego un amplio abanico de personajes que parecen tener motivos para "matar". Hallar al culpable puede estar en vuestras manos; pero si no podéis conseguirlo, nuestros investigadores os darán la solución de manera sorprendente.

¡Agatha Christie ha desaparecido!

En la mañana del 3 de diciembre de 1926 la policía halló mi coche abandonado en el campo. Todos se temían lo peor, pues Archibald había comunicado a Scotland Yard mi desaparición. La verdad es que causé una gran alarma en la prensa de la época: ¡mi desaparición llenaba las primeras páginas de todos los periódicos!

Todo el mundo creía que me había suicidado. Muchos policías fueron a buscarme, rastreaban el campo con perros, al tiempo que hombres-rana sondeaban lagos y dragaban ríos. ¡Vaya lío! Y total, por nada.

Al final me encontraron descansando felizmente en el Old Swan Hotel, en Harrogate, en el condado de Yorkshire. No me habían encontrado antes porque me había registrado con el nombre de una mujer llamada Teresa Neele. A un músico de la orquesta del hotel le sorprendió mi parecido con la foto que salía en el periódico e inmediatamente lo comunicó a la policía.

Cuando Archibald y mi hija vinieron a por mí no recordaba nada de nada. Sufría un ataque de amnesia, del que tardé algunos meses en recuperarme.

Las cosas con mi marido Archibald iban de mal en peor, y en 1928 nos divorciamos, y él se casó con Teresa Neele… ¡Qué casualidad! ¡El nombre falso que yo había utilizado para registrarme en el hotel era el de mi propia rival!

Eran tiempos difíciles, y tuve que enviar a mi hija a un internado. Yo me dediqué a viajar para recuperarme un poco de mi crisis, incluso pasé una larga temporada junto a mi hija en las islas Canarias.

Un gran cambio en mi vida

Poco a poco mi dolor fue desapareciendo. En 1930 me fui a Irak, a la antigua Persia. Allí conocí al arqueólogo Max Mallowan, que se encontraba en una expedición para reconstruir la antigua ciudad sumeria de Ur.

Enseguida nos hicimos amigos, y aunque él era diez años más joven que yo, nos enamoramos. Esta vez había encontrado al amor de mi vida. Así que me volví a casar. Nos fuimos de luna de miel a Grecia, y luego pasamos varios meses en Siria y en Irak.

La profesión de arqueólogo, como sabéis bien, implica el estudio de las artes, de los monumentos y de los objetos de la antigüedad. Yo acompañaba a mi marido con verdadera emoción en todos sus viajes arqueológicos, sobre todo a Oriente Medio, donde pasábamos la mitad del año, y le ayudaba en su trabajo supervisando el material fotográfico y limpiando los objetos antiquísimos que hallábamos en las excavaciones.

Todo este mundillo me servía de escenario para algunas de mis novelas donde se visitan excavaciones arqueológicas, como por ejemplo *Asesinato en Mesopotamia*, o *Cita con la muerte*, que transcurría en unas ruinas de Tierra Santa. Aunque también para plantear el escenario de *Muerte en el Nilo*, junto al Egipto misterioso.

Las tierras bíblicas entre el Tigris y el Éufrates, las aldeas perdidas y los campamentos de arqueólogos eran un buen escenario donde se urdían siniestras tramas.

Por aquel entonces yo seguía publicando novelas policíacas. Mi hija se casó y tuve un nieto. Y cuando todo estaba en su lugar, un nuevo conflicto bélico irrumpió otra vez en nuestras vidas: ¡la Segunda Guerra Mundial!

Max se alistó voluntario, y fue destinado a África del Norte por sus conocimientos de las costumbres y de la lengua de los árabes. Yo permanecí en Londres, trabajando de enfermera en el Hospital del Colegio Universitario. Ahora escribía más que nunca, en aquellas largas noches de guerra abominable. Las novelas surgían una tras otra, a la espera de ávidos lectores.

En 1945, al final de la guerra, Max y yo nos reunimos en nuestra hermosa casa de Greenway, que había sido requisada por la Marina, y que nos costó mucho esfuerzo y dinero devolver a su estado original, ya que los soldados la habían destrozado completamente. Pero al final de tanta y tanta guerra todo volvía a su lugar.

Mi detective favorito: Hercule Poirot

Yo sabía que todos los escritores del género policíaco habían creado a su propio detective, ya que éste se convierte en el elemento principal de estas novelas. Por eso tenía que crear un detective con una fuerte personalidad capaz de igualar o incluso superar a detectives tan famosos como Dupin, Sherlock Holmes, Arsenio Lupin, Nick Carter, el padre Brown o el mismísimo inspector Maigret.

Cuando empecé mi primera novela, *El misterioso caso de Styles*, tenía que inventarme un detective famoso y singular que fuera el protagonista. ¿Dónde lo encontraría? Entonces la inspiración se me presentó al punto.

Resulta que Archibald había conocido a un grupo de refugiados belgas, de modo que decidí inventar un tipo de detective totalmente distinto a los de las novelas inglesas: el belga Hercule Poirot.

Para crear el nombre me basé en dos detectives de ficción que existían en mi época: Hercule Popeau y Monsieur Poiret, este último un policía francés jubilado que vivía en Londres.

Al igual que el detective Auguste Dupin, de Edgar Allan Poe, mi Poirot emplea el razonamiento para resolver los casos más difíciles sin moverse de su sillón, empleando lo que él llamaba sus "pequeñas células grises", en referencia a las neuronas de su cerebro.

El hombrecito con la cabeza de huevo y sus métodos

El capitán Hastings describió a Poirot en *El misterioso caso de Styles* como un hombrecito que apenas medía más de cinco pies y cuatro pulgadas. Su cabeza, con el pelo engominado, tenía exactamente la forma de un huevo y siempre la ladeaba un poco. Su bigote era muy tieso y engominado.

La pulcritud de su vestimenta era casi increíble. Poirot venera la limpieza y las comodidades. Come muchos dulces y chocolate, y mientras habla emplea constantemente expresiones en francés.

Podemos decir que es un hombre de ciudad que odia la vida campestre, aunque siempre está anunciando su retiro: quisiera dedicarse a cultivar calabacines, pero nunca llega a hacerlo. Siempre hay un caso que reclama su atención.

Sin embargo, este hombrecito de vestimenta pintoresca había sido en su tiempo uno de los miembros más famosos de la policía belga. Llegó a Inglaterra como refugiado de la Primera Guerra Mundial, y en este nuevo país se estableció como detective privado. Siempre busca resolver los misterios que le atraigan, sobre todo por su dificultad. En eso se parece a Sherlock Holmes.

El detective impresiona a todos con su modo de proceder. Actúa de este modo: habla con todos los personajes que aparecen en la historia, toma notas de ellos y considera sus circunstancias (su móvil, su coartada), y al final los reúne a todos en un mismo lugar y mediante un golpe de efecto desenmascara al asesino, que se hunde como un castillo de naipes. Su especialidad consiste en que el sospechoso se ponga nervioso y acabe cometiendo un error que lo delate.

Poirot protagoniza más de treinta de mis novelas y de muchísimas historias cortas, que ciertamente saciarán vuestra curiosidad por los misterios. Éstas son algunas: *Asesinato en el campo de golf*, *Muerte en las nubes*, *Navidades trágicas*, *La muerte visita al dentista*, *Maldad bajo el sol*, *Los cinco cerditos*, *Los trabajos de Hércules*...

Su última aparición la encontraréis en la novela *Telón*, donde cuento el último caso de nuestro detective belga. Aquí se reencuentra con su viejo amigo Hastings en la conocida mansión de Styles (¿no os suena?), donde se conocieron hacía ya tantos años. Un nuevo crimen está por cometerse, y Poirot, ya viejo y en silla de ruedas, le pide a su amigo que sea sus ojos y sus oídos en este nuevo y sorprendente caso.

Miss Marple, la abuelita metomentodo

El personaje de la señorita Jane Marple, o simplemente Miss Marple, lo creé en 1930 para la novela *Muerte en la vicaría*. Me gustaba la idea de una abuelita solterona y solitaria, residente en un pequeño pueblo campestre donde destaca el cotilleo de las vecinas; pero cuyo conocimiento de la naturaleza humana fuera superior al de los inspectores de la policía de Scotland Yard, capaz de resolver casos imposibles.

A pesar de su edad y soltería, quise que Miss Marple fuera optimista e idealista, y un personaje muy querido de Saint Mary Mead. Este pequeño pueblecito, que quiere decir Santa María de Aguamiel, y que se encuentra a pocos kilómetros de Londres.

Pero no intentéis hallarlo en un mapa de Inglaterra. ¿Que por qué? ¡Pues porque no existe! Fue un pueblecito que creé para Miss Marple y sus vecinos: el doctor Haydock, el médico; la señora Lestrange, que llegó a Saint Mary Mead por alguna extraña razón que sólo conoce Miss Marple, y, cómo no, la reina del cotilleo del pueblo, la señora Price Ridley, que siempre habla mal de todo el mundo.

Pero, sobre todo, era necesario que mi personaje tuviera esos rasgos que caracterizan a los buenos detectives. Por eso Miss Marple es muy observadora y siempre está atenta (y además es muy curiosa).

Le encantan los enigmas y los misterios, pues para ella no son ningún tipo de problema, sino todo lo contrario, una diversión apasionante. Por eso es capaz de analizar cualquier misterio concienzudamente, entrometiéndose en la vida de los sospechosos si es necesario.

Miss Marple es la fuente de conocimiento de todas las habladurías y pequeños actos que ocurren en Saint Mary Mead y por donde ella pase. Su sabiduría es inmensa, fruto de su experiencia y del transcurso de los años. Pues, como dice el refrán, «más sabio es el diablo por viejo que por diablo».

Así que Miss Marple no es nada ingenua, no, ya que conoce los más recónditos secretos de la personalidad humana. Además, por si fuera poco, tiene amigos en Scotland Yard, con quien se encuentra a menudo para hablar de casos criminales.

Ya sabéis, pues, lo que se esconde tras la imagen de una dulce abuelita soltera, buena ama de casa, ataviada con extravagantes sombreros y que tiene la costumbre de tomar el té con galletas.

Miss Marple tiene, además, una gran pasión: su jardín y salir a buscar conversación con sus vecinos y sus amigas. Entre ellos se encuentran el médico y el vicario, y unas cuantas solteronas como ella. También conoce a las muchachas que han servido en su casa, y de las que se considera responsable, aunque algunas son ya madres casadas.

Miss Marple protagoniza doce novelas y numerosas historias cortas. Aparece por primera vez en la novela *Muerte en la vicaría* (1930) y su último caso lo podéis leer en *Un crimen dormido* (1976). Otras obras suyas son *Un cadáver en la biblioteca*, *Se anuncia un asesinato*, *El truco de los espejos*, *Un puñado de centeno* y *El tren de las 4.50*.

Muerte en la vicaría y otros crímenes

Todo empieza en Saint Mary Mead, ese pueblecito donde nunca pasa nada hasta que una apacible tarde, después de la hora del té, el coronel Protheroe es asesinado mientras esperaba al vicario en su despacho.

El coronel tenía una personalidad indeseable. Consigue que el pastor del pueblo diga de él que quien le mate dará un buen servicio al mundo. Claro que cuando eso sucede, el vicario se ve envuelto en un buen embrollo.

El coronel Protheroe era un hombre rico y poderoso, con un montón de amigos y de enemigos. Así que los sospechosos tendrían que ser muchos: el vicario, su mujer, la señora Lestrange, la esposa del coronel, su hija, el pintor Lawrence Redding... Todos, absolutamente todos, tenían motivos para asesinar a la víctima: el dinero, la venganza...

Pero el coronel fue asesinado mientras

escribía una nota en un papel, donde además estaba anotada la fecha y la hora en que estaba escribiendo. Aunque este detalle, pequeños sabuesos, resultará ser... ¡falso! Lo cual indica que el asesino fue quien ingenió esa pista para desorientar a la policía y dar una coartada a alguien e incriminar a otros.

La investigación policial la llevan a cabo los inspectores Snack y Hurst, y, por otro lado, naturalmente, está la investigación de Miss Marple, que gracias a su sagacidad, acaba hallando al culpable. Y el culpable es nada más y nada menos que... Si todavía no lo habéis adivinado, Miss Marple os lo contará con todo lujo de detalles en el último capítulo.

Un crimen dormido es la última novela de Miss Marple. La abuelita conoce a una joven recién casada que llega a Londres con el deseo de comprar una casa. Pero cuando la consigue empieza a tener visiones sobre una mujer desconocida...
¿A dónde nos conducirá este nuevo misterio? ¡Me parece que tendréis que leer mi libro, amiguitos!

Más sabuesos en mis obras...

Sin duda mis obras más famosas son aquellas protagonizadas por Hercule Poirot y Miss Marple, pero escribí tantas... que no tuve más remedio que inventarme nuevos detectives e investigadores.

En primer lugar me gustaría hablaros del señor Harley Quin y su inseparable compañero el señor Satterhwaite. Ambos aparecen en *El enigmático señor Quin*. Se trata de un libro de doce relatos de crímenes, desapariciones y un sinfín de situaciones misteriosas.

También están Tommy y Tuppence Beresford, un matrimonio joven y aventurero, protagonistas de cuatro novelas (*Matrimonio de sabuesos*, entre ellas) y de un libro de episodios cortos.

La mayoría de las veces protagonizan historias de aventuras y de espionaje internacional, pero también casos siniestros y muy peligrosos. Los dos estaban desempleados, y al finalizar la Primera Guerra Mundial deciden fundar una agencia de detectives con el fin de resolver entuertos de cualquier clase.

Otro personaje interesante es Parker Pyne, un detective excéntrico que protagoniza doce historias cortas (*Parker Pyne investiga*). Su cometido consiste en poner anuncios en los periódicos para ayudar a las personas con problemas: «¿Es usted feliz? Si no lo es consulte al Sr. Parker Pyne».

Pyne soluciona toda clase de problemas, desde robos y engaños, hasta traiciones o amores. El resultado son doce fascinantes misterios que nos transportan de Londres a la Grecia antigua.

Ariadne Oliver es una novelista que decidí crear como mi otro yo, y en ella vuelco todas mis experiencias sobre el arte de escribir, sobre los trabajos del novelista y sus relaciones con los lectores.

...Y otros husmeadores

Entre mis personajes principales surgieron de mi pluma otros con papeles secundarios que acompañaban a menudo a los primeros y colaboraban con ellos, sobre todo con Poirot y Miss Marple. Se trata del detective Giraud, de la Sureté de París; el detective Japp, de Scotland Yard, amigo de Poirot; el inspector Narracot, y el coronel Race.

¡Ah! Me olvidaba del capitán Hastings, el amigo inseparable de Poirot, que nos cuenta muchas aventuras del detective belga. Parece una especie de Dr. Watson, que siempre saca conclusiones erróneas de cada problema, pero que sin embargo ayudan al pensamiento de Poirot para hallar la solución.

Seguro que conoceréis muy pronto a todos estos personajes leyendo mis obras.

Los tres ratones ciegos

Siempre me gustó el teatro. En un momento dado empecé a adaptar mis propias novelas o relatos detectivescos para el escenario. Por eso decidí escribir *La ratonera*, para representarla en el teatro. Estaba basada en mi relato *Tres ratones ciegos*.

Jamás pensé que pudiera tener tanto éxito. Constituye un récord de permanencia en los teatros de Londres. Calculo que desde que se estrenó en Londres en 1952 hasta hoy se han hecho ya más de 20.000 representaciones. ¡Qué exitazo! ¡Ni William Shakespeare tuvo tanta suerte!

En fin, voy a contaros, por esta vez, la intrigante historia que empieza con una inocente canción infantil: *Tres ratones ciegos, ved cómo corren...*, y a continuación se suceden sórdidos asesinatos.

Toda la trama transcurre en la sala principal de la hospedería de Monkswell Manor, que se encuentra en las afueras de Londres. Un grupo de personajes queda atrapado en esta casa debido a una fuerte nevada.

Allí se ven envueltos en un crimen que acaba de ocurrir en la calle Culver de Londres, donde una mujer ha sido asesinada. Naturalmente todos los personajes son sospechosos y, lo que es más y no se esperan: ¡también serán víctimas!

Los Ralston son una joven pareja de recién casados, dueños de la casa de huéspedes de Monkswell Manor. El día en que inauguran la casa, reciben a cinco huéspedes; pero uno de ellos, un extranjero, el señor Paravicini, ha llegado de forma inesperada, lo cual despierta sospechas.

Los demás personajes son el joven Christopher Wren; Mrs. Boyle, una mujer de mediana edad muy quejica; el mayor Metcalf, un militar de actitud autoritaria, y Miss Casewell, una joven con rasgos toscos.

Al día siguiente llega a la casa el joven sargento Trotter con el fin de investigar el crimen de una mujer asesinada en la calle Culver, donde el asesino ha dejado la dirección de Monkswell Manor y la curiosa canción infantil de los tres ratones ciegos, con la amenaza de que quedan dos por eliminar:

Tres ratones ciegos
Ved cómo corren
Van tras la mujer del granjero;
Les cortó el rabo con un trinchante.
¿Visteis nunca algo semejante
a tres ratones ciegos?

¡Estrangulado el segundo ratón!

Mientras tanto, en la casa ocurre un nuevo asesinato, la señora Boyle es estrangulada, ante la sorpresa y temor de todos los huéspedes.

Todos los moradores de la casa parecen ser sospechosos, y empiezan a desconfiar el uno del otro y a echarse la culpa. Si seguís la canción, todavía queda un ratón por eliminar, ya que eran tres. El sargento Trotter debe averiguar quién es el asesino y cuál es su próxima víctima en una emocionante trama de misterio y suspense que se mantiene hasta el final.

El incomprensible asunto se resuelve en las últimas escenas, cuando salen a la luz unos hechos ocurridos en el pasado en un colegio de Abbeyvale, donde murió un niño.

Las dos víctimas y la hermana de la señora Ralston estaban relacionadas con esos desgraciados hechos; y a punto está de perecer la señora Ralston a manos del asesino que, ingeniosamente había propuesto reconstruir el reciente asesinato de la señora Boyle para que todos demostraran dónde se hallaban en el momento del crimen.

Pues el asesino... ¿Ya lo habéis adivinado, verdad?... ¿No?

¡Pues era el hermano de ese niño muerto, que se había propuesto llevar a cabo una siniestra venganza! ¡Sí, el inspector Trotter! O mejor dicho: el falso inspector Trotter, pues no era policía, sino un asesino loco de remate.

Al final todo se esclarece, y "el tercer ratón", es decir, la señora Ralston, se libra de la muerte sin daño alguno gracias a la ayuda de los demás, que estaban al acecho, y consiguen apresar al asesino.

Mis grandes obras en el cine

En la década de 1960 la MGM, una compañía cinematográfica, quiso llevar algunas de mis obras al cine. El realizador George Pollock dirigió las películas, interpretadas por la excelente actriz Margaret Rutherford en el papel de Miss Marple. Fueron éstas: *El tren de las 4.50* (1961), *Después del funeral* (1963), *La señora McGinty ha muerto* (1964) y *Asesinato a bordo* (1964).

A pesar de la gran interpretación de Margaret Rutherford, a mí no me gustaban nada estas películas y no aconsejo a nadie que las vea, ya que distorsionaban mucho la trama original, cambiando el argumento por completo, de modo que llegué a aborrecerlas...

Aunque a vosotros quizás os gusten, porque tengo que reconocer en el fondo de mi corazón que son unas buenas películas, y además muy divertidas.

No quiero olvidarme de la maravillosa película de mi obra *Testigo de cargo*, producida en 1957, con seis nominaciones a los Oscar, dirigida por Billy Wilder e interpretada fantásticamente por Charles Laughton, Tyrone Power y la genial Marlene Dietrich.

Ésta es la historia: el joven Leonard es detenido bajo la acusación de haber asesinado a una viuda rica. Un famoso abogado, Sir Wilfrid, está convencido de que es inocente y le defiende. La única persona con quien cuenta el joven para testificar su coartada es su esposa Christine.

Pero todo se complica cuando su mujer, en lugar de proporcionarle la coartada, le acusa en pleno juicio de ser el asesino. ¿Cómo acabará este enredo? Pues francamente mal para Leonard, que al final... ¡No! Aquí me detengo, pues quiero mantener el suspense hasta que vuestra curiosidad irresistible lea la historia completa.

Diez negritos salieron a cenar...

Diez negritos fue una de mis novelas más populares y que más fama me proporcionó. Por eso se hicieron dos versiones cinematográficas. La que se realizó en 1945 en Estados Unidos, interpretada por Barry Fitzgerald, Walter Huston y Louis Hayward fue, sin duda, la más lograda.

¿Queréis que os cuente la historia? Está bien. Ahí va: diez personas (el joven Anthony Marston, el señor y la señora Rogers; la señora Emily Brent, el general MacArthur, el juez Lawrence Wargrave, el doctor Armstrong, el detective William Henry Blore, el aventurero Phillip Lombard y la joven Vera Claythorne) reciben sendas cartas firmadas por un desconocido señor Owen, invitándolas a pasar unos días en su mansión de la misteriosa y solitaria isla del Negro.

Se trata de un islote de la costa de Devon, en el sudoeste de Inglaterra, del que nadie puede entrar y del que nadie puede salir. Cada uno de los invitados es citado por motivos diferentes (una reunión de viejos amigos, negocios...).

La primera noche, tras una gran cena, a la que el misterioso señor Owen curiosamente no ha podido asistir, una voz grabada les acusa a todos de ser culpables de un asesinato, proporcionando el nombre de cada víctima y la fecha en que se cometieron los crímenes.

Al principio todo parece ser una broma macabra, pero pronto se convierte en una horrible realidad cuando, uno por uno, los invitados son asesinados en un ambiente de miedo y acusaciones mutuas.

El ambiente parece el de *La ratonera*: al estar todos los personajes solos en la isla, provoca en ellos un ambiente de sospechas. Pero la clave se encuentra a la vista de todos: en la casa se hallan diez figuritas negras que llaman la atención de los invitados, junto con una vieja canción infantil.

Cada vez que se produce un asesinato desaparece una de las figuras negras. Está claro que el asesino es uno de ellos, pero ¿quién será?, ¿por qué ha preparado este juego macabro?

...Y no quedó ninguno

Ésta es la canción infantil que lo complica todo:

Diez negritos salieron a cenar,
uno se ahogó y quedaron:
nueve.
Nueve negritos trasnocharon mucho,
uno se quedó dormido y quedaron:
ocho.
Ocho negritos viajaron por Devon,
uno se escapó y quedaron:
siete.
Siete negritos cortaron leña,
uno se cortó en dos y quedaron:
seis.
Seis negritos jugaron con una colmena,
A uno de ellos le picó una abeja y quedaron:
cinco.
Cinco negritos estudiaron derecho,
uno de ellos se doctoró y quedaron:
cuatro.

Cuatro negritos se hicieron a la mar,
un arenque rojo se tragó a uno y quedaron:
tres.
Tres negritos paseaban por el zoo,
un oso los atacó y quedaron:
dos.
Dos negritos estaban sentados al sol,
uno de ellos se quemó y quedó:
uno.
Un negrito se encontraba solo,
y se ahorcó, y no quedó
¡ninguno!

Es muy fácil creer que alguno de los invitados tiene
que ser el asesino, pero cuando ya no queda…
¡ninguno!, entonces… ¿quién los asesinó? ¿Acaso
fue el misterioso ausente señor Owen? Porque cuando
la policía llega a la isla del Negro sólo encuentra diez
cadáveres y un enigma indescifrable.

Un mensaje en una botella arrojada al mar

Os voy a dar una pista: ¡el misterioso señor Owen es uno de los invitados! ¿Pero quién, ya que todos han muerto? Bueno, pues la solución del problema nos la va dar un manuscrito del juez Lawrence Wargrave, hallado dentro de una botella y lanzado al mar, que encontró por casualidad un barco pesquero.

La carta decía que muchos crímenes escapaban de la justicia y quedaban impunes. El juez siempre había sentido el deseo de castigar a los culpables, pero esa sed de justicia se convirtió en deseo de dar muerte él mismo y cometer una serie de crímenes, siguiendo la tonadilla de la canción de los *Diez negritos*, que había aprendido de niño.

Por diferentes medios se fue enterando de los crímenes cometidos por los demás escogidos, y que habían quedado impunes por falta de pruebas o porque habían pasado desapercibidos.

Luego trazó un plan meticuloso. Compró la isla del Negro, reunió a sus víctimas tendiéndoles un anzuelo, y se mezcló con ellos en calidad de invitado.

Con mucho cuidado preparó los crímenes de sus huéspedes. Primero desaparecerían los menos culpables, para aumentar los sufrimientos de los más culpables. Se esforzó en cometer los crímenes siguiendo las estrofas de la canción infantil; a veces era difícil, ya que cuando a un negrito le picó una abeja, inyectó a su víctima cianuro; luego soltó una abeja.

Posteriormente simuló su propio asesinato y siguió desempeñando su papel de asesino, pero ahora libre de cualquier acusación. Cuando terminó su misión, introdujo este escrito en una botella y la lanzó al mar. Quería, de este modo, confesar su astucia.

Después subió a su habitación y se suicidó, tal como lo había simulado anteriormente.

¿No es una historia sorprendente?

Asesinato en el Orient Express

Mucho más moderna y de gran éxito entre el público fue la película *Asesinato en el Orient Express* (1974), basada en mi novela del mismo nombre, que escribí en 1934. Al estreno de la película asistió la mismísima reina Isabel II de Inglaterra.

El actor Albert Finney representaba el papel de Poirot, y estuvo acompañado por los intérpretes más distinguidos del cine de aquellos momentos: Ingrid Bergman, Jacqueline Bisset, Sean Connery, Vanesa Redgrave y Anthony Perkins.

Pues bien, el detective Hercule Poirot toma el famoso tren Orient Express... ¿Cómo? ¿Que no sabéis qué es el Orient Express? Pues voy a contároslo.

El Orient Express fue un tren de larga distancia que en su época gloriosa unía París con Estambul (la antigua Constantinopla), en Turquía. Su primer servicio se realizó en 1883, y era considerado como uno de los trenes más lujosos del mundo.

En la década de 1930 el Orient Express alcanzó su máxima gloria, atravesando las principales capitales y ciudades de Europa, con servicio de primera clase, restaurante con los mejores chefs y cocineros.

Los pasajeros solían ser miembros de la realeza, millonarios o profesionales de la política y la sociedad.

Actualmente este tren expreso sale todos los días a las 17:16 de la Gare de l'Est de París con destino a Viena, donde llega a las 8:30 del día siguiente.

El Orient Express es muy popular en el cine y en la literatura. Aparte de mi libro, el autor de novelas de espionaje Graham Greene lo usó para escribir *El expreso de Oriente*. James Bond, el famoso agente 007, con licencia para matar, tomó este tren en la película *Desde Rusia, con amor*, y también aparece en la versión del año 2004 de *La vuelta al mundo en ochenta días*.

Doce siniestras puñaladas

Pero vayamos a mi historia. En pleno invierno el Orient Express suele viajar bastante vacío, pero en esta ocasión se encuentra repleto. En él viajan personas de varias nacionalidades, y entre ellas el sagaz Hercule Poirot, que entabla amistad con el enigmático señor Rachett, un millonario que viaja con su secretario y un criado, pero que esconde un oscuro secreto.

El señor Rachett quiere contratar los servicios de Poirot porque cree encontrarse amenazado de muerte, pero el detective no acepta el encargo. A la mañana siguiente, una tormenta de nieve obliga a detener el tren y lo deja preso, proporcionando un decorado perfecto para un relato de miedo.

Entonces el señor Rachett aparece asesinado en su cama, con doce puñaladas en el cuerpo. Un reloj abollado encontrado en su pijama marca la una y cuarto. ¿Será una pista falsa? Aparentemente nadie ha entrado ni ha salido del coche cama, a causa de la ventisca. Sin duda el asesino tiene que ser uno de los pasajeros. ¿Pero quién?

¡Vaya misterio! ¿Por qué doce puñaladas? ¿Se tratará de algún rito diabólico? El equipo de investigación lo componen los únicos libres de duda: Hercule Poirot, el señor Bouc, presidente de la compañía ferroviaria y el doctor Constantine, un médico griego.

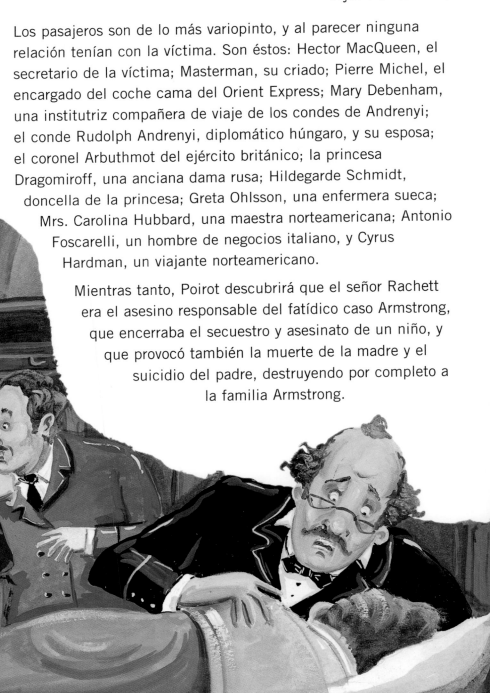

Los pasajeros son de lo más variopinto, y al parecer ninguna relación tenían con la víctima. Son éstos: Hector MacQueen, el secretario de la víctima; Masterman, su criado; Pierre Michel, el encargado del coche cama del Orient Express; Mary Debenham, una institutriz compañera de viaje de los condes de Andrenyi; el conde Rudolph Andrenyi, diplomático húngaro, y su esposa; el coronel Arbuthmot del ejército británico; la princesa Dragomiroff, una anciana dama rusa; Hildegarde Schmidt, doncella de la princesa; Greta Ohlsson, una enfermera sueca; Mrs. Carolina Hubbard, una maestra norteamericana; Antonio Foscarelli, un hombre de negocios italiano, y Cyrus Hardman, un viajante norteamericano.

Mientras tanto, Poirot descubrirá que el señor Rachett era el asesino responsable del fatídico caso Armstrong, que encerraba el secuestro y asesinato de un niño, y que provocó también la muerte de la madre y el suicidio del padre, destruyendo por completo a la familia Armstrong.

El caso Lindbergh

El caso del secuestro del hijo de los Armstrong en realidad refleja el caso real del rapto del hijo de Charles Lindbergh, que ocurrió en 1932, un poco antes de escribir mi libro.

En otoño de 1928 había viajado en el Orient Express, y pocos meses después el tren quedó atrapado en Turquía durante seis días a causa de una ventisca.

Todos estos eventos reales me inspiraron esta novela.

Charles Augustus Lindbergh fue un célebre piloto norteamericano que cobró gran fama cuando realizó el primer vuelo directo entre Nueva York y París, el 20 de mayo de 1927, en 33 horas y media, con el avión *Spirit of St. Louis*. Pero desgraciadamente fue más sentido su pesar personal cuando su hijo pequeño de dos años fue secuestrado y asesinado.

Mi pequeño homenaje a ese gran piloto lo plasmé en *Asesinato en el Orient Express*.

¿Os podéis imaginar a un asesino
semejante? Un malvado que paga por sus
acciones. Tal era el caso del señor Rachett. Pero al
final, "las células grises" del cerebro de Hercule Poirot
descubrieron lo que parecía imposible y sin solución.

Así que Poirot reunió a los pasajeros en un vagón del tren y les
expuso lo que pasó. ¡Todos estaban de acuerdo! ¡Todos estaban
involucrados! ¡Todas las personas que viajaban en ese tren
estaban relacionadas con el caso Armstrong! ¡Doce viajeros y
doce puñaladas!

Por eso la afluencia de viajeros en una época tan intempestiva
del año quedaba explicada. Rachett había escapado de la
justicia, y un jurado de doce personas designadas por sí mismas
le condenaron a muerte y se vieron obligadas a ser sus propios
ejecutores.

Todos eran amigos o parientes de la familia Armstrong, o eran
acaso el criado, el chófer o la cocinera… incluso la señora
Hubbard era en verdad… ¡la madre de la señora Armstrong! Por
eso el caso parecía imposible de resolver. Todo estaba calculado
a la perfección.

Cada persona entró por turno en la habitación de Rachett, que se encontraba bajo los efectos de un narcótico, y descargó su golpe con la misma daga, de ese modo nadie sabría jamás quién le mató verdaderamente. ¡Todos los pasajeros eran los asesinos! Pero no contaban con que jamás se puede engañar a Hercule Poirot.

¿Qué os parece? En mis novelas siempre hay un asesino, o dos como mucho; pero todavía no había probado de inventar una historia en la que ¡todos los personajes fueran los asesinos!

Al final, el bueno de Poirot, actuando como un verdadero juez, les propone otra solución. Al no tener ninguna prueba de lo que había dicho, contarían a la policía que un desconocido había subido al tren, había cometido el asesinato y después había huido. Caso resuelto.

Muerte en el Nilo

Después de *Asesinato en el Orient Express* vino una segunda película de otro libro mío: *Muerte en el Nilo*, que publiqué en 1937. La trama se basaba en el asesinato de una joven rica durante un viaje de placer en un crucero por el Nilo.

El hermoso río Nilo y sus barcos de recreo, a orillas del cual se desarrolló una de las civilizaciones más fascinantes de la historia, el Egipto faraónico. El Egipto misterioso, con el templo de Karnac y sus magníficas columnas...

Pero ahora este gran río de África se convierte en el escenario donde se teje una sangrienta serie de asesinatos.

Cuando los realizadores estaban trabajando en la nueva película, la verdad es que no pude ayudarles mucho, ya que me fui de esta vida hacia el Más Allá... Pero me enteré de que fue otro gran éxito cuando se estrenó en 1978. No me extraña, con un reparto de estrellas como Peter Ustinov (en el papel de Poirot), Mia Farrow, Bette Davis, David Niven, Jane Birkin o George Kennedy.

La trama gira en torno a Linnett, una joven bella y elegante, heredera de una fortuna millonaria, recién casada con Simon, el novio de su mejor amiga Jackie. Linnet lo tiene todo: belleza, riqueza, amor y un viaje por el Nilo para disfrutar de su luna de miel.

Pero Jackie, enfurecida, persigue a la pareja durante su viaje de novios. Cuando éstos embarcan en un crucero por el Nilo, lo más sorprendente es que todos los pasajeros, excepto Hercule Poirot y su amigo el coronel Race, tienen motivos para matar a la joven Linnet: los incontrolables celos de su amiga Jackie, los intereses económicos de sus tutores, la ambición de los ladrones de joyas...

Y en realidad eso no tarda en suceder, pues la joven esposa aparece asesinada en su camarote de un disparo en la cabeza.

El detective Hercule Poirot se ve obligado a interrumpir sus vacaciones para descubrir a un asesino que no duda en volver a matar sin freno alguno. ¿Por qué no le ayudáis?

Os propongo un juego: leed el libro hasta el capítulo 28 y deteneos. Luego escribid en un papel vuestra teoría sobre quién fue el asesino (o los asesinos) y cuál era su móvil. A continuación leed el capítulo 29, donde se da la solución, y sabréis si sois unos buenos detectives. ¡Yo creo que sí!

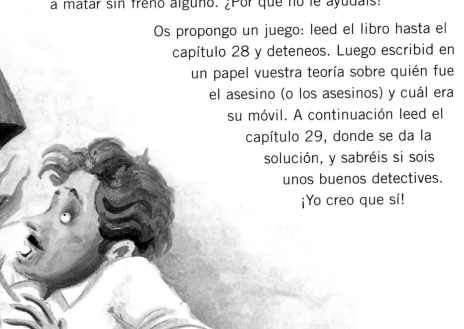

Mis últimos actos antes del telón

Mi pasión por escribir e inventar historias no tenía fin. Por lo que a lo largo de mi vida llegué a escribir muchísimas novelas de misterio. En 1950, cuando tenía sesenta años, empecé a escribir mi autobiografía, en la que contaría todos mis recuerdos de manera espontánea y sincera.

Por supuesto también escribí novelas que no eran policíacas, bajo el seudónimo de Mary Westmacott. Eran novelas rosas, es decir, relatos en los cuales se cuentan las aventuras de dos enamorados. En total escribí más de cien obras: 80 novelas policíacas, 17 obras teatrales y el resto novelas rosa, además de un libro de poemas y de historias para niños.

Por todas estas obras publicadas me empezaron a llegar, en mis últimos tiempos de vida, los reconocimientos y los títulos. En 1961 me nombraron miembro de la Real Sociedad de Literatura y doctora *honoris causa* en Letras por la Universidad de Exeter.

En 1971 me concedieron el título de Dama del Imperio Británico, un título de nobleza que en aquellos tiempos se concedía a muy pocos; pero como la reina Isabel II era una gran aficionada a mis novelas, me lo concedió muy a su placer.

En fin, creo que puedo decir ya sin rubor, ¡a mis años!, que tuve una vida muy activa. Una vida casi de película, de novela... ¿Qué os parece?

El 12 de enero de 1976 me extinguí. Tenía ochenta y cinco años, y estaba tranquila y satisfecha, en mi casa de campo de Wallingford. Me enterraron en la iglesia de Saint Mary, en Cholsey.

Años	Vida de Agatha Christie	Historia
1890-1910	1890. Nace el 15 de septiembre. 1901. Su padre muere y deja a la familia en una situación difícil. 1905. Recibe educación en su casa de la mano de su madre. 1906. Estudia canto y piano en París.	1900. En China, guerra de los Boxers. 1901. El presidente de EE. UU. McKinley es asesinado; le sucede T. Roosevelt. 1906. Primera Duma rusa; disturbios y huelgas en Rusia; represión zarista.
1911-1920	1914. Se casa con el coronel A. Christie. Enfermera en el hospital de Devon; estudia drogas y venenos. 1919. Nace su hija Rosalind. 1920. Publica su primera novela policíaca *El misterioso caso de Styles*, con Hercule Poirot.	1914. Asesinato de Sarajevo. Inicio Primera Guerra Mundial. 1918. Fin de la Primera Guerra Mundial. 1919. Gandhi inicia su movimiento nacionalista en la India.
1921-1930	1923. Agatha y Archibald toman parte en un viaje alrededor del mundo. 1926. Muere su madre. 1928. Agatha y Archibald se divorcian. 1929. Viaja a través de Turquía hacia Bagdad en el Orient Express. 1930. En Bagdad conoce a Max Mallowan, con quien se casa.	1923. En España, Primo de Rivera da un golpe de estado decretando la dictadura. 1929. Crac de la Bolsa de Nueva York. La Gran Depresión.
1931-1940	1933. Empieza un período de gran productividad novelística.	1936. Guerra Civil Española. 1939. Estalla la Segunda Guerra Mundial.
1941-1950	1941. A partir de esta fecha aparecen: *Maldad bajo el sol, Los cinco cerditos, El caso de los anónimos, Cianuro espumoso, Testigo de cargo, Tres ratones ciegos*.	1945. Bombardeo atómico de Hiroshima y Nagasaki; fin de la Segunda Guerra Mundial. Fundación de la ONU. 1948. Asesinato de Gandhi.
1951-1960	1952. Se estrena la obra teatral *La ratonera*. Más novelas: *El truco de los espejos, La señora McGinty...* 1956. Le conceden la Orden del Imperio Británico.	1955. Pacto de Varsovia. 1957. Fundación de la Comunidad Económica Europea (CEE).
1961-1976	1961. Miembro de la Real Sociedad de Literatura y doctora *honoris causa* por Exeter. 1975. Publica *Telón*, el último caso de Poirot. 1976. Publica *Un crimen dormido*, el último caso de Miss Marple. Muere el 12 de enero a los 85 años en Cholsey. Es enterrada en el cementerio de Saint Mary de Cholsey.	1961. Se construye el muro de Berlín. 1962. Crisis de los misiles en Cuba. 1963. J. F. Kennedy es asesinado en Dallas.

Ciencia

1896. Becquerel descubre la radiactividad.
1901. Marconi une Europa y América con ondas de radio.
1905. Se publica la *Teoría de la relatividad* de A. Einstein.

1913. Descubrimiento del rayo láser.
1920. Primeras emisiones de radio en EE. UU. y Reino Unido.
1920. Einstein obtiene el Premio Nobel de Física.

1928. Alexander Fleming descubre la penicilina.
1930. El astrónomo C. Tombaugh descubre el planeta Plutón (considerado desde 2006 un planeta enano).

1935. El físico escocés Robert Watson-Watt inventa el radar.

1955. Vacuna contra la poliomielitis.
1957. La Unión Soviética lanza al espacio el *Sputnik*.
1958. Creación de la NASA.

1961. Rusia coloca en órbita al primer astronauta de la historia: Yuri Gagarin.
1967. Primer trasplante de corazón.
1969. Primer viaje a la Luna (N. Armstrong y E. Aldrin).
1976. EE. UU. logra posar las naves exploradoras de las misiones *Viking I* y *II* en Marte.

Cultura

1895. Los hermanos Lumière proyectan en París la primera película.
1900. Freud publica *La interpretación de los sueños*.
1909. Amundsen conquista el polo Sur.

1912. Hundimiento del Titanic.
1916. Muere el poeta Rubén Darío.

1922. Howard Carter descubre en Egipto la tumba de Tutankamón.
1925. Se estrena *El acorazado Potemkin*, de Eisenstein.
1927. Lindbergh cruza el Atlántico en su avión *Spirit of St. Louis*.

1932. Conmoción mundial por el secuestro y asesinato del hijo del piloto Lindbergh.
1939. Se estrena *Lo que el viento se llevó*.

1941. Se estrena *Ciudadano Kane*, de Orson Welles.
1947. Albert Camus publica *La peste*.

1955. Muere el físico Albert Einstein.
1956. Revolución Cultural en China.

1963. Martin Luther King lidera una marcha multitudinaria en Washington en contra del racismo.
1967. Gabriel García Márquez publica *Cien años de soledad*.

Me llamo...

Es una colección juvenil de biografías de personajes universales. En cada volumen una figura de la historia, de las ciencias, del arte, de la cultura, de la literatura o del pensamiento nos revela de una forma amena su vida y su obra, así como el ambiente del mundo en el que vivió. La rica ilustración, inspirada en la época, nos permite sumergirnos en su tiempo y su entorno.

Agatha Christie

Por la «reina del crimen», la «dama del misterio» y otras muchas denominaciones se conoce a esta escritora británica, nacida en 1890 en Torquay (Gran Bretaña). Con una vida propia de novela, fue la creadora de personajes tan populares como Hercule Poirot y Miss Marple. Escribió decenas de novelas de misterio y novelas románticas (con seudónimo), poemas y obras teatrales, y se calcula que ha publicado más de dos mil millones de libros en cuarenta y cinco idiomas..., haciéndole la competencia a William Shakespeare. En sus novelas detectivescas "invita" al lector a hacer pesquisas y descubrir al asesino. Su obra de teatro *Diez negritos* lleva representándose ininterrumpidamente en Londres desde 1952.

Torquay

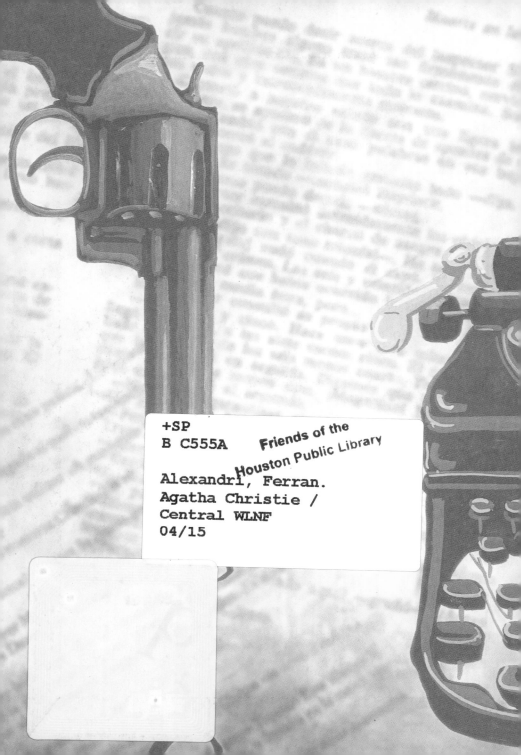